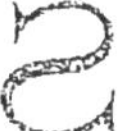

CONDITIONS DE LA VENTE

Elle sera faite au comptant.

Les acquéreurs payeront, en sus des adjudications, *cinq pour cent* applicables aux frais.

L'expert chargé de la vente se réserve la faculté de rassembler, ou diviser les lots.

Paris. — Imprimerie de Pillet fils aîné, 5, rue des Grands-Augustins.

ORDRE DES VACATIONS

Le Mercredi	14 Mai....................	n° 1 à 191
Le Jeudi	15 Mai....................	n° 192 à 374
Le Vendredi	16 Mai....................	n° 375 à 522
Le Samedi	17, supplément............	n° 523 à la fin.

Vente du Mercredi 14 au Samedi 17 Mai 1873

SALLE N° 4.

ESTAMPES

PORTRAITS

ET

PIÈCES HISTORIQUES

SUR L'HISTOIRE DE FRANCE

Lithographies

EAUX-FORTES MODERNES

ET

CARICATURES

Mai 1873

Me DELBERGUE-CORMONT
COMMISSAIRE-PRISEUR
Rue de Provence, 8

M. CLÉMENT
Marchand d'Estampes de la Bibliothèque Nationale
EXPERT
Rue des Saints-Pères, 3

PARIS — 1873

CATALOGUE

D'UNE NOMBREUSE COLLECTION

D'ESTAMPES

Portraits & Pièces historiques

Sur l'histoire de France de 1439 à 1830

LITHOGRAPHIES

EAUX-FORTES MODERNES

ET

CARICATURES

SECONDE PARTIE

DONT LA VENTE AUX ENCHÈRES PUBLIQUES AURA LIEU

HOTEL DROUOT, SALLE N° 4

Au premier étage.

Les Mercredi 14, Jeudi 15, Vendredi 16 et Samedi 17 Mai 1873

A DEUX HEURES PRÉCISES

Me **DELBERGUE-CORMONT**, Commissaire-Priseur,
rue de Provence, 8,

M. **CLEMENT**, Marchand d'Estampes de la Bibliothèque Nationale,
rue des Saints-Pères, 3.

PARIS — 1873

DÉSIGNATION

DES

ESTAMPES

1. Pièces sur l'histoire de France, depuis l'établissement de la monarchie en France, jusqu'au règne de François Ier. 100 pièces.

2. **1515 à 1547**. Siècle de François Ier. François Ier reçoit à Fontainebleau, dans la galerie de Diane, le tableau de la Sainte Famille, envoyé de Rome par Raphaël. Très-grande pièce, avec trait explicatif, gravée par Jazet, d'après Lemonnier.

3. Embarquement du roi Henry VIII à Douvres, lors de son entrevue avec François Ier, au camp du Drap d'Or. Très-grande pièce en largeur, gravée par Basire, d'après Grimm.

4. Mort du chevalier Bayard. — Mort d'Epaminondas. Deux grandes pièces en hauteur, gravées en manière noire par Green, d'après West. Epreuves avant le titre.

5. **1541 à 1593**. Le Colloque de Poissy et autres, d'après Tortorel et Perrissin. — Massacres de la Saint-Barthélemy. — Mort de Coligny, etc. 42 pièces.

6. Naissance d'Henri IV. Grande lithographie de Deveria. — Education d'Henri IV, d'après Fragonard, par Allais. — Les premières amours d'Henri IV, suite de 4 pièces, d'après Desenne. — Scène de la saint Barthélemy. — Henri IV et Sully après la bataille d'Ivry. 11 pièces.

7. **1594 à 1610**. Entrée d'Henri IV à Paris. 11 pièces, gravures et lithographies.

8. Portrait de la pyramide dressée devant la porte du Pallais en 1595. Pièce avec deux feuilles d'explication. 6 pièces sur le même sujet.

9. Henri IV, Sully et Gabrielle. Grande pièce d'après Fragonard. — Rendez-vous de chasse de Henri IV, d'après Borel, etc. 7 pièces.

10. Henri IV ramené au Louvre après le coup funeste qu'il reçut dans la rue de la Ferronnerie, le 10 mai 1610, etc. 38 pièces.

11. **611 à 1643**. Sujets de batailles, chasses et jeux divers. Les personnages sont représentés par des singes habillés. Suite de 10 pièces publiées en Hollande, plus 4 pièces diverses gravées par Langlois. En tout 14 pièces.

12. La Noce de village. — L'Espousée de village. — L'Espousée qui s'escoute pisser. — Les Musiciens, suite de 5 pièces. — Le Marchand de lunettes. — L'Education du matou, etc. 23 pièces, caricatures et pièces satyriques du commencement du règne de Louis XIII.

13. Les Chanteurs. — La Diseuse de bonne aventure. — Le Tombeau de Roger Bon-Temps, etc. 13 pièces satiriques et caricatures, tombeaux.

14. Tombeau du cardinal de Richelieu. 7 pièces gravées par B. Picart et autres.

15. Figures décorant le livre intitulé : Devises des rois, princes et généraux d'armée qui ont assisté Louis le Juste combattant, avec leur exposition, par Charles Beys. 123 pièces.

16. **1644 à 1715**. Bataille de Nordlingen. — Plans et cartes diverses. 7 pièces.

17. Le Cercle sacré des saints et des saintes de la très-illustre maison de Tonnerre et de Clermont. Grande pièce. — Les cornettes, guidons et drapeaux pris sur les ennemis en la bataille de Sens, portés en triomphe à Notre-Dame. Pièce critique sur Mazarin, etc. 9 pièces.

18. Singeries amoureuses. Suite de 6 pièces gravées par Guérard, et caricatures diverses. 16 pièces.

19. Le Roi mettant sa couronne sous la protection de la Mère de Dieu, par G. Huret. — L'Architecte sans cervelle ou l'ignorant conduit devant ses juges. — Tombeaux de MM. de Lamoignon, du duc de Montmorency, etc. 11 pièces.

20. Entrée du roi Louis XIV et de la reine Marie-Thérèse à Paris en 1660. 20 pièces.

21. Empire du cœur. — Carte des voyages de Vénus. — Carte générale du royaume de Coquetterie. — Combat de la Louange et de la Satyre. — Horloge de l'Amour. 14 pièces, dont une très-belle, avec grand nombre de costumes.

22. Pièces allégoriques à la gloire de Louis XIV, gravées par G. Huret et autres. 9 pièces.

23. Tableaux historiques de madame la duchesse de la Vallière. Suite de 8 pièces gravées par Huotte et le Vachez, d'après H. Vernet.

24. Molière consultant sa servante la vieille Laforêt. Molière mourant. 2 pièces gravées par H. Vernet et Vafflard.

25. Ouy dire, pièce satirique gravée par Daret. — Jeune femme se faisant dire la bonne aventure. 2 pièces.

26. Mausolée de la reine d'Angleterre. — Tombeaux du duc de Brissac, — du commandeur de Souvré, — de la princesse de Conti. — Bataille de Fenshein, gagnée par M. de Turenne, petites pièces historiques de cette époque, dédiées au roi, etc. 35 pièces.

27. Vue du siége et prise de la ville et château d'Auguste en Sicile, avec le fanal et deux forteresses, par l'armée navale du roi, commandée par Mgr le maréchal duc de Vivonne. Très-grande pièce gravée par Fouard, d'après J. Van Becq.

28. La mort de Turenne, gravé par Chambars. — Le même sujet gravé en plus petit. 2 pièces.

29. Tombeau et catafalque du vicomte de Turenne. 4 pièces.

30. Plans et vues de la bataille de Cassel. 5 pièces.

31. Tombeau de madame de Lamoignon. — Arcs de triomphe et feux d'artifice. — Frontispices de livres, etc. 23 pièces.

32. Abrégé de l'anatomie des principales parties du corps humain, pièce très-utile et nécessaire au public. Très-grande pièce, avec légende, publiée par Hubert Jaillot.

33. Hercule soutenant le ciel. Dessein des feux d'artifice dressez pour l'arrivée du roi en sa ville de Valenciennes, le 5 août 1680, par le magistrat et conseil. 14 gravures et 9 feuilles de texte.

34. Feux d'artifice. — Catafalque de la reine. — Pièces satiriques et plans de batailles. 9 pièces.

35. Le Cordonnier. — Le véritable portrait de Henri le Cocsi. — Triomphe royal des Aînés, dédié à M. le Dauphin. — La Pêche, etc. 5 pièces.

36. Le roi Louis XIV sur un char de triomphe traîné par des lions, au-dessus de grands rochers, avec cette légende : Où ne peut-il passer?

37. Illumination des galeries du Louvre pour la naissance de Mgr le duc de Bourgogne. — Feu d'artifice tiré à la même occasion. — Figure de la grosse cloche de Notre-Dame, etc. 14 pièces.

38. Statue de Louis XIV à la place des Victoires. — Tombeau de F. Faure, prédicateur du roi. — Tombeau du duc de Créquy, etc. 15 pièces.

39. Dessein de la collation qui fut donnée à Monseigneur par Mgr le Prince, à Chantilly. — Feux d'artifice. — Plan et profil de la ville de Namur. — Médailles, etc. 21 pièces.

40. Combat mémorable donné près de la Hogue, en 1692, d'après B. West. 3 pièces, dont une avant la lettre.

41. Bataille de la Marsaglie en Piedmont, donnée le 4 octobre 1693, contre les troupes de l'empereur, du roi d'Espagne, du duc de Savoie, commandant en personne, et gagnée par l'armée du roi, commandée par le maréchal de Catinat. Grande pièce par Lepautre. — Bataille du Ter. 2 pièces.

42. Histoire d'un boulanger de Madrid qui a esté chastié pour avoir vendu son pain trop cher. Deux pièces sur le même sujet. — Tombeau de Mgr Henri de Lorraine et du comte d'Harcourt, son fils. — Feux d'artifice, etc. 13 pièces.

43. Statue équestre de bronze, représentant la personne du roi. 7 pièces sur le même sujet, publiées au moment de son érection, gravées par Guérard, Lepautre, Thomassin.

44. Vœu de toute la France pour le rétablissement de la santé de — Mgr le Dauphin. Grande pièce allégorique. Tombeaux, catafalques et sujets divers. 16 pièces.

45. Caricatures et pièces satiriques contre le roi Louis XIV, publiées en Hollande, gravées par R. de Hooge et autres. 14 pièces.

46. Le roi revenant de voir les travaux et le camp de Luciennes, et s'en retournant à Marly.—Disposition de la première bataille d'Hochste. — Bataille de Fridelingue. — Passage du Rhin. —Vue de la ville de Philisbourg. 5 pièces d'après P. D. Martin, dit Martin des Batailles.

47. Prise de Philisbourg, pièce publiée chez Jollain. — Le triomphe de la Seine et du Tage, dessin de feu d'artifice tiré en présence de la duchesse de Bourgogne. 3 pièces.

48. Almanach royal, commençant avec la guerre de l'an 1701, jusques... où est exactement observé le cours du soleil d'injustice, avec ses éclipses, ou la juste punition du ciel. Suite de 12 pièces satiriques contre le roi Louis XIV, publiées en Hollande.

49. Bustes de Louis XIV, Marie-Thérèse, le Dauphin, etc. — Décoration du grand pavillon des galeries du Louvre. — Représentation d'un soleil pour exposer le Saint-Sacrement. — Tombeau de Gaspard de Courtenay et de sa femme. — Tombeau du grand Dauphin. — Caricatures diverses, gravées à l'eau-forte. Emblèmes, etc. 47 pièces.

50. L'Œil trompé, ou Recueil d'estampes mêlées, où est représentée la victoire remportée à Denain par l'armée du roi, etc. A Paris, chez Demortain.

51. **1715** à **1774**. Feux d'artifice, tombeaux et sujets allégoriques. 10 pièces.

52. La rue Quincampoix.—Billets de la Banque. — La guerre aux écus, etc. 13 pièces publiées en 1720, lors du système financier de Law.

53. La Mode journalière de jupes de Baleine et de sac de capot, commencée l'année 1716. Grande pièce satirique publiée en Hollande.

54. Sacre de Louis XV. Le roy mené au trône.— La cérémonie des onctions, etc. 5 pièces.

55. L'Autel de la chapelle de Notre Dame de Baillon.—François de Paris, au pied de la croix. — Rosace de Notre-Dame. — La Cérémonie de la canonisation de saint Stanislas Kostka et Louis de Gonzague, etc. 14 pièces.

56. Préparatifs du grand feu d'artifice que S. E. le cardinal de Polignac fit tirer à Rome dans la place Navonne le 30 novembre 1729 pour la naissance de Monseigneur le Dauphin. Grande pièce gravée par Cochin.

57. La Femme de mesnage. — L'Homme de mesnage. — Costumes gravés dans le genre de Coypel. — Caricatures diversess 18 pièces.

58. Diverses petites figures des Cris de Paris, dessinés et gravé par N. Guerard le fils, Suite de 18 pièces. Très-rares et curieuses pour les costumes de cette époque. 1730.

59. Bataille de Guastable. — Monument élevé au prince Eugène de Savoie. — Naissance de ma mie Margot. 3 pièces sur le même sujet. En tout 5 pièces.

60. Médailles du règne de Louis XV. Suite de 54 pièces, plus deux titres. En tout 56 pièces.

61. La Figure véritable du superbe bonet du grand Thomas opérateur sans pareil. — Le Mécanisme du flûteur automate. — Vue du feu d'artifice tiré sur le terrain du château à Versailles le 26 août 1739, gravé par Cochin. — Tombeau de Monseigneur le maréchal du Bourg, etc. 4 pièces

62. Le Magistrat, pièce gravée en manière noir par Kirkall, d'après Hemskerk. Les personnages sont représentés par des chats et des singes habillés.

63. Audience publique donnée par le roi à l'Ambassadeur de Turquie, dans la grande galerie de Versailles en janvier 1740. Grande pièce en largeur, gravée par N. B. de Poilly, d'après Cochin.

64. La prise d'Ypres. — Feu d'artifice tiré à cette occasion. — Pièces allégoriques et critiques. En tout 6 pièces.

65. Fêtes données à l'occasion du mariage de monseigneur le Dauphin, en 1745.—Entrée du roi Louis XV à Strasbourg, 4 pièces.

66. Arc de triomphe, dédié à Son Altesse sérénissime Madame la duchesse du Maine. Très-grande pièce gravée par Tardieu, d'après Le Grand. Deux épreuves dont une avant beaucoup de travaux.

67. Vues et plans des batailles de La Wofelt.— De Baucoux, de Fontenoy. — Bataille donnée au col de l'Assiette. Très-grande pièce avant la lettre. 10 pièces.

68. Les Nouvellistes. — Assemblée de brocanteurs. — Le Critique de tableaux, 4 pièces gravées par Caylus. — Le Marchand de bois, etc. 16 pièces.

69. Représentation du Catafalque dressé à l'occasion des funérailles de Son Altesse monseigneur le comte Maurice de Saxe, dans l'église neuve de Strasbourg, le 8 février 1751. 2 pièces.

70. La Tulip. Sans-Souci. 2 pièces gravées par N. J. B. de Poilly, d'après de Favanncts.

71. Vue du portail de Saint-Eustache à Paris. — Loge des changes de Lyon. — Plan géométral de l'hôtel royal de l'Ecole militaire. — Vue de l'Ecole royale militaire. 4 pièces par J. B. de Poilly et autres.

72. Siècle de Louis XV. Une soirée chez madame Geoffrin, en 1755. Gravé par Debucourt d'après le chevalier Lemonnier.

73. Plan historique et chronologique du Dauphiné, et des princes dauphins, dédié et présenté à monseigneur le Dauphin, par Porlier. — Tableau des degrés de parenté suivant le droit civil, le droit canon et le droit françois, rapporté à la personne de Louis XV. 2 feuilles avec explication.

74. Evénements mémorables, déclaration du roi. Arrêts du parlement contre le schisme, les sacrements administrés, etc. Au législateur pacifique 1755. 33 pièces.

75. Combat de Saint-Cast, gagné sur les Anglais par les troupes françaises. — Plan de la bataille de Suternberg. — Vue de la bataille d'Hastembeck. 5 pièces.

76. Mort du général Mont-Calm, gravé par Chevillet. — Mausolée de M. de Maupertuis, dans l'église de Saint-Roch, à Paris, gravé par Miger etc. 3 pièces.

77. Aveugle conduit par son chien. — Escroc attaché au carcan. — Le Singe à lamode, etc. 7 pièces.

78. La Mort du chevalier d'Assas, à Klostercamp, en 1760. Très-grande pièce gravée pär Laurent, d'après Casanova.

79. Plan d'une partie de la ville de Saint-Lô, en Normandie. Très-grande pièce en largeur.

80. Statue équestre de LouisXV, inaugurée à Paris le 20 juin 1783. Grande pièce dans un entourage d'ornements, d'après Moreau le jeune.

81. Statue équestre de Louis XV, érigée à Paris, le 14 février 1763. — Autre vue de la statue et de la place Louis XV. 2 pièces d'après Poisson et de Sève.

82. Plans et vues des décorations de la place Louis XV. 3 pièces. — Vue et perspective du château de Chenonceaux. En tout 4 pièces.

83. Vue perspective du portail de la nouvelle église de Sainte-Geneviève, patronne de Paris, pièce gravé à l'eau forte par Panseron. — Pose de la première pierre de la nouvelle église de Sainte-Geneviève, d'après G. de Saint-Aubin, etc. 3 pièces.

84. Tombeau de M. le comte de Caylus, avec une feuille d'explication. — P. L. Buirette de Belloy, auteur tragique, médaillon soutenu par plusieurs figures allégoriques, gravé par L'empereur, d'après Jollain. 2 pièces.

85. Fêtes célébrées à Reims les 26, 27 et 28 août 1765, à l'occasion de l'inauguration de la statue du roy Louis XV. 4 grandes pièces gravés par Varin frères, d'après Blarenberghe.

86. Paix rendue à l'Europe en 1763, pièce de forme ovale, d'après Monnet. — Allégorie à la gloire de M. le Dauphin. — Médaillon pour l'année jubilaire, ou cinquantième du règne de Louis XV, — Etablissement de l'école royale militaire, d'après G. de Saint-Aubin, etc. 11 pièces.

87. Etrennes françaises, dédiées à la ville de Paris, pour l'année jubilaire du règne de Louis le bien-aimé, par l'abbé de Petity, prédicateur de la reine. Paris, chez Pierre Guillaume Simon, 1766. Trente feuilles de texte. Huit feuilles avec texte et médaillon, d'après G. de Saint-Aubin.

88. Les Vœux de la France et de l'Empire. Médaillons allégoriques pour le mariage de monseigneur le Dauphin, gravées par Chenu, d'après Petity, etc. 16 pièces.

89. Plans de catafalques et monuments funèbres, gravés par Lempereur d'après Challe. 25 pièces.

90. **1774** à **1789**. La France sauvée. — Le même sujet, par un graveur différent. — Le retour du parlement. 3 pièces allégoriques gravées à l'eau forte et publiées en 1774, lors de l'avénement de Louis XVI au trône.

91. Vue de l'assemblée des protestants de Nismes au désert. Grande pièce gravée par Fling, d'après Boët.

92. Vue en perspective d'une grande loupe. formée par deux glaces de 52 pouces de diamètre chacune, coulées à la manufacture royale de Saint-Gobain. — Le Sacre de Louis XVI, etc. 12 pièces.

93. Monument à la gloire du roi Louis XVI et de la France. 2 très-grandes pièces, représentant le monument de deux côtés différents, gravées par Bertaux, d'après Touzé.

94. Le Triomphe de Rameau, gravé par Fessard, d'après Durand. 2 épreuves dont une avant la lettre.

95. Jeunesse de Voltaire. — Jeunesse de Rousseau. 2 pièces gravées par Blanchard et Lefèvre, d'après Steuben.

96. Le triomphe de la raison et de la vérité. — Aux mânes de J. J. Rousseau. — Monument érigé à Genève à J. J. Rousseau. 4 pièces allégoriques gravées par Guttenberg, Maleuvre, Vidal.

97. Vues de Fernery, Ermenonville et sujets allégoriques sur Voltaire et Rousseau. 17 pièces.

98. La Valeur récompensée ; d'Esteing à la prise de Grenade le 4 juillet 1779. Grande pièce gravée par P. Laurent, d'après Demarne.

99. Combat naval livré le 21 juillet 1781, par M. de la Pérouse, capitaine de vaisseau. — Combat naval livré le 18 décembre 1779, par M. le comte de la Motte-Picquet, chef d'escadre. — Combat naval livré le 6 octobre 1779, par M. du Couedic, lieutenant de vaisseau. 3 grandes pièces gravées par Dequevauvillers, d'après Rosset.

100. 10 pièces sur les mêmes combats et autres.

101. Sujet allégorique en l'honneur du comte d'Estaing. 2 épreuves.

102. Les Etrennes comiques à l'usage des rieurs. Suite de 11 pièces gravées à l'eau-forte et publiées par le sieur Pithou, marchand d'estampes. Très-rares.

103. Histoire de Jeannot. Suite de 16 pièces coloriées et publiées chez Bomet en 1779.

104. Tableau général des principaux éléments du commerce de France, par lequel on voit d'un seul coup d'œil toutes les principales villes de commerce des quatre parties du monde qui correspondent avec la France. — Tableau représentatif des revenus portés au Trésor royal et des dépenses qu'on y a payées, suivant le compte rendu au roi, en 1781, par M. Necker. 2 très-grandes pancartes publiées en 1781.

105. Vue du prieuré des Deux-Amants, près de Rouen. — Vue du château de Coucy, proche Noyon. 2 pièces gravées par Picquenot, d'après Lantara et Brovandel.

106. Compte rendu au roi par M. Necker. — Le Bonheur de la France, pièce allégorique sur la naissance de Mgr le dauphin, gravée par Borel. 2 pièces.

107. Phénomènes extraordinaires de la nature : fille négresse et blanche ou couleur pie, âgée de six ans, et un petit garçon mulâtre du même âge, né à l'île Grande-Terre (Guadeloupe), 2 pièces sur le même sujet. — Caricatures. En tout 7 pièces.

108. Tableau de toutes les juridictions du royaume de France. 6 grandes feuilles publiées par M. Massabiau de Figeac, avocat au parlement, en 1782.

109. Hyder-Ali corrigeant les Anglais, un soldat français lui présente les verges, par Borel. — Le Ventriloque. — L'Abbé Domino donnant ses leçons au café Turc. — Les Rêves de Paris, etc. 7 pièces.

110. Le Patriotisme, allégorie sur les vaisseaux offerts au roi. — Pièce critique contre les Anglais lors de la guerre d'Amérique. — Expériences faites en mer avec la machine hydrostatergatique en 1784, etc. 6 pièces.

111. Suite de 8 pièces gravées à l'eau-forte par Thimet, dont le portrait se trouve en tête; représentant des caricatures sur les religieux. En tout 9 pièces.

112. Immersion d'une caisse conique dans la rade de Cherbourg le 7 juin 1785. 2 pièces sur le même sujet, gravées par Helman. — Carte de la rade nouvelle de Cherbourg. — Vue de la ville de Cherbourg. — Passage du roi au Havre, d'après Queverdo. 5 pièces.

113. Table raisonnée des principes de l'économie politique. Très-grande pancarte publiée en 1786.

114. Caricatures contre Beaumarchais, lors de la représentation du *Mariage de Figaro*. — M. R., l'âne comme il n'y en a point, pièce critique contre Mercier le dramaturge. — Pièces contre Cagliostro, et caricatures diverses. 20 pièces.

115. La Petite laitière et Mme Élisabeth. — Les Vœux de la rosière accomplis. — Louis XVI distribuant des bienfaits à de pauvres paysans dans l'hiver de 1788, gravé par Pierre Adam d'après Hersent. 4 pièces.

116. A la gloire des magistrats de la ville de Paris, sur les secours qu'ils ont procurés aux pauvres pendant l'hiver de 1788-89. — Bienfaisance de LL. AA. SS. Mgr le duc d'Orléans et Mme la duchesse d'Orléans, pendant le même hiver. — Les Malheurs d'Orléans causés par la débâcle terrible de la rivière de la Loire. 3 pièces très-curieuses avec légendes, et publiées en 1789.

117. L'Assemblée des notables tenue à Versailles le 22 février 1787, pièce avec légende; en bas le discours du roi. — Liste des principaux personnages qui doivent composer l'Assemblée des notables du royaume, convoquée par ordre du roi le 22 février 1787. 2 pièces rares.

118. La France sacrifiant à la Raison, d'après le tableau de Bounieu, que l'Assemblée nationale a bien voulu recevoir en hommage et placer dans son sein le 14 juillet 1791. Gravé en manière noire.

119. Vue des 40 jours d'incendie des habitations de la plaine du Cap-Français, arrivé le 23 août 1791. Très-grande pièce en couleur, gravée par Chapuy d'après Boquet.

119 *bis*. Derniers adieux de Louis XVI à sa famille. 5 pièces sur le même sujet. — Vue du Temple, d'après un dessin fait par Madame fille de Louis XVI, en 1795.

120. Urnes et monuments funèbres publiés le 21 janvier, anniversaire de la mort du roi Louis XVI, etc. 14 pièces.

121. **1795 à 1804**. Tombeaux de Pichegru et autres. 10 pièces.

122. Combat de Benouth, le 8 mars 1799. — Entrée des Français dans Milan. — Entrée des Français dans Naples. — A moi, conscrits! — Combat en Égypte. — Bataille d'Aboukir. — Surprise et retraite des Autrichiens au Mont Saint-Bernard, etc. 14 pièces par Marin Lavigne, H. Bellangé, Ozanne et autres.

123. Monument à la mémoire du général Desaix. — Costumes d'après Vernet, gravés au trait, etc. 5 pièces.

124. Entrée de Napoléon le Grand et son auguste épouse dans la ville d'Anvers, le 18 juillet 1803. Très-grande pièce gravée par Van den Berghe. Très-belle épreuve avec les lettres grises.

125. La même pièce. Epreuve avec les lettres ombrées.

126. Sujets relatifs à la mort du duc d'Enghien, etc. 5 pièces.

127. Les Honneurs du triomphe décernés à Bonaparte. — Le Triomphe de la République française. 2 grandes pièces gravées par David d'après Monnet, et publiées quelques jours avant que Bonaparte ne se fît empereur.

128. **1804 à 1815.** Fêtes et cérémonies du sacre de S. M. l'empereur le 2 décembre 1804. 17 pièces, la plupart coloriées.

129. Voiture de l'empereur des Français le jour du couronnement. — Voiture de Sa Sainteté le jour du couronnement. 6 pièces sur les mêmes sujets.

130. Distribution des drapeaux à l'armée le 5 décembre 1804. Pièce gravée en manière noire, avec trait explicatif.

131. Colonel des guides en grand uniforme. Grand portrait équestre gravé par Coqueret d'après Carle Vernet, dédié au prince Eugène de Beauharnais.

132. Tableau des parties qui constituent l'économie rurale. — Tableau des connaissances pratiques, utiles aux progrès de l'agriculture. — Tableau des connaissances théoriques, utiles aux progrès de l'agriculture, etc. Trois grandes pancartes publiées en 1805.

133. Pie VII bénissant les fidèles assemblés dans son appartement, au pavillon de Flore, le vendredi 8 mars 1805. — Pie VII visitant l'Institution des sourds et muets, si célèbre par les talents de l'abbé Sicard, le samedi 23 février 1805. — Pie VII visitant l'Institution des aveugles-nés, dirigée par M. Bertrand, successeur de M. Haüy, le jeudi 28 février 1805. 3 pièces par Marlé.

134. Remise de la ville d'Ulm aux Français. — Prise d'Ulm. — Combat de Dierstein. — Bataille de Caldiero. — Entrée de la grande armée dans la ville de Vienne, etc. 8 pièces, la plupart coloriées.

135. Honneur au courage malheureux! Grande pièce gravée en couleur par Mixelle, et publiée à l'occasion de la prise de la ville d'Ulm.

136. Le 76e régiment de ligne retrouvant ses drapeaux dans l'arsenal d'Inspruck. Grande pièce gravée par Madinier d'après Germain.

137. Bulletin officiel de la bataille d'Austerlitz. 4 feuilles de texte et un plan de la bataille.

138. Bataille d'Austerlitz. Très-grande pièce gravée par Godefroy d'après Gérard. Très-belle épreuve, avec trait explicatif.

139. Le même sujet traité différemment. Très-grande pièce par Ch. Muller. Epreuve avant la lettre. — La même pièce. Epreuve avec la lettre.

140. Le même sujet. Grande pièce gravée à l'eau-forte, plus un plan de la bataille.

141. Autres pièces sur la même bataille. — Entrevue des empereurs après ladite bataille, et autres sur le même sujet. 12 pièces.

142. Rapp à Austerlitz. — Napoléon à Austerlitz. — Bivouac à Austerlitz, etc. 11 pièces.

143. Plans et bataille d'Iéna. — Mort du prince Louis de Prusse au combat de Saalfeld. — Entrée à Berlin. — Entrée des Français dans Varsovie. — Prise de la ville de Stettin. — Relation de la journée de Lubeck. 8 feuilles de texte publiées à Paris en 1807, etc. 15 pièces, la plupart coloriées.

144. Napoléon en Prusse. — Mort du prince Louis de Prusse. — Générosité de S. M. l'empereur. — La Colonne de Rosbach. — Clémence de S. M. l'empereur envers la princesse d'Hatzfeld, etc. 14 pièces.

145. Napoléon visitant le tombeau du Grand Frédéric. Très-grande pièce gravée en manière noire, d'après Ponce Camus. Epreuve avant la lettre.

146. Vue de Saint-Cloud. — Le Marchand de cornes. — Le Grand chiffonnier. — Critique du salon de 1806, etc. 7 pièces.

147. Vues de la ville d'Orléans. 2 pièces gravées par B. Piringer en 1815.

147-*bis*. Plans et bataille d'Eylau. — Bataille de Friedland. — L'Empereur visitant les travaux du siége de Dantzick. — Entrevue et Adieux des empereurs Napoléon et Alexandre. — Prise de Moscou, etc. 19 pièces, la plupart sont coloriées.

148. Napoléon visitant le champ de bataille d'Eylau. Grande pièce gravée par Esbrard d'après Calliano, avec trait explicatif.

149. Grand sanhédrin des Israélites de l'empire français et du royaume d'Italie. Grande pièce par Damano de Martrait.

150. Entrevue de l'empereur Napoléon et de l'empereur Alexandre sur le Niémen. Autres pièces sur le même sujet. 21 pièces, la plupart coloriées.

151. Code Napoléon. S. M. l'empereur montre à l'impératrice les articles du Code civil, qu'il vient de terminer. Gravé par David, d'après Monnet.

152. Les Fastes du génie militaire dirigés par l'héroïsme, la force, et la sagesse de Napoléon le Grand. Grande pancarte publiée en 1808.

153. Bataille d'Espinosa. — Bataille de Saint-Vincent. — La Prise de Madrid. — Bataille de Somo-Sierra, etc. 14 pièces coloriées.

154. Tableau historique et figuratif des changements politiques survenus en Europe, depuis 1789 jusqu'en 1808 par A. F. Frizac.

155. Degrés des âges. — Bataille d'Eckmühl. — Mort du général Auguste Colbert. — Bataille d'Abensberg. — Bataille et prise de Ratisbonne. — On ne passe pas, d'après Charlet, etc. 10 pièces.

156. Prise de Ratisbonne, d'après Gautherot, gravé par Esbrard. Grande pièce en manière noire.

157. Bataille d'Occana. — Siége et prise de la ville de Raab. — Bataille de Wagram. — Bataille d'Esling. Mort du maréchal Lannes, etc. 23 pièces.

158. Bataille de Wagram. Grande pièce d'après C. Langlois, gravée par P. Adam, avec trait explicatif.

159. Reddition d'Ulm. Grande pièce d'après Grenier, gravée par Bovinet.

160. Reddition des clefs de Vienne. — Napoléon blessé devant Ratisbonne. Lithographies et sujets divers. 12 pièces.

161. L'Immaculée Conception. — Le Sauveur du monde. — La Renommée planant au-dessus du monde, etc. 4 pièces coloriées.

162. Esquisse représentant la réunion des souverains, accompagnant Sa Maejsté l'empereur et roi, au bal donné par la ville de Paris le 4 décembre 1809, gravée par Godefroy.

163. Projet de réunion du Louvre au palais des Tuileries, par P. F. L. Dubois aîné, architecte, 8 planches et 2 feuilles de texte. Autres projets.

164. Demande en mariage de l'archiduchesse Marie-Louise, au nom de l'empereur Napoléon, par le prince de Neufchatel. — Fêtes du mariage et autres. 25 pièces.

165. Cartes et billets d'invitation pour le mariage, le concert et autres fêtes. 12 pièces.

166. Colonne de la Paix. — Arc de triomphe du Carrousel. — Façade du Corps-Législatif. — Château-d'Eau. — Vue de la Maison impériale d'Ecouen. — Vue des Tuileries et du Louvre. 8 pièces.

167. Naissance du roi de Rome. 24 pièces sur le même sujet.

168. Le Roi de Rome. Grande pièce gravée par Achille Lefèvre d'après Prud'hon.

169. Portrait du roi de Rome. 11 pièces.

170. Siége et prise de Valence. — Délivrance des ouvriers de la fosse Beaujonc près Liége, etc, 7 pièces.

171. Colonne de la Grande Armée. — Entrée des Français dans la ville de Moscou. — Bataille de la Moskova, — Le Gouverneur Rostopschin regardant l'embrasement de Moscou. — La Croix d'honneur. — Explosion du Kremlin, etc. 13 pièces.

172. Passage de la Bérésina. Très-grande pièce gravée par P. Adam, d'après Ch. Langlois.

173. A tous les cœurs bien nés que la patrie est chère! Grande pièce en manière noire, d'après Lassus, etc. 6 pièces.

174. La Mort d'un trompette. —Après vous, Sire! Campagne 1813, etc. 5 pièces.

175. Prise de la redoute Kabrunn, (défense de Dantzick, 1813). Grande pièce gravée par Jazet, d'après Vernet.

176. Derniers adieux de Napoléon à sa famille, d'après Fragonard.

177. Bataille de Paris, le 30 mars 1814. — Capitulation de Paris. — Paix générale signée à Paris le 30 mars 1814. 9 pièces.

178. Vues de l'île d'Elbe. 9 pièces.

179. Les Adieux de Fontainebleau. Grande pièce avec trait explicatif, gravée par Jazet, d'après Vernet. — Le même sujet traité différemment. Grande pièce en manière noire.

180. Bataille de Montereau. Grande lithographie, par Lavigne, d'après Langlois.

181. Débarquement de M. le duc de Berry dans le port de Cherbourg. — Entrée de M. le comte d'Artois à Paris. — Vue d'Hartwel. 7 pièces.

182. Entrée de Louis XVIII à Paris. 13 pièces sur le même sujet.

183. Entrée de L L. A A. R R. le duc et la duchesse d'Angoulême à Bordeaux. — Le Duc de Berry devant Béthune, etc. 4 pièces.

184. Départ du roi de Lille, le 23 mars 1815. Grande pièce gravée par Debucourt, d'après le chevalier de Basserode.

185. Le débarquement de S. M. Napoléon Ier, empereur des Français, dans le port de Cannes, le 1er mars 1815. — Bivouac de S. M. l'empereur le 1er mars 1815. — Entrée de S. M. l'empereur dans Paris, le 20 mars 1815, etc. 8 pièces.

186. Vue intérieure de l'assemblée du Champ de Mai au moment de la présentation des drapeaux. — Vue de l'assemblée du Champ de Mai. 45 pièces sur les mêmes sujets.

187. Son Altesse royale Guillaume-Georges-Frédéric-Louis, prince héréditaire du royaume des Pays-Bas, à la tête des Bataves, combattant l'armée française, aux Quatre-Bras. — Tableau représentant le moment de la glorieuse bataille de Waterloo le 18 juin 1815. 2 grandes pièces gravées, par Velyn, d'après J. Van Brée.

188. Bataille de Waterloo, le 18 juin 1815. Très-grande pièce coloriée, gravée en Hollande par Lagendyk.

189. Bataille de Waterloo. 4 pièces gravures et lithographiées sur le même sujet.

190. Napoléon à Waterloo. — Plans et vues de la bataille. — Napoléon à Charleroi, d'après Vernet. — Dernier cri de la garde, par Bellangé, etc. 10 pièces.

191. Blessés français attaqués par des Cosaques. Grande lithographie par H. Lecomte et H. Vernet. — Siége d'Huningue, par Marlit. — Plan du siége de Paris, etc. 25 pièces.

192. **1815 à 1824.** Départ du roi le 20 mars 1815. — Retour du roi le 8 juillet 1815. 2 pièces gravées par Alix. — Entrée de Louis XVIII à Paris. — Avénement de Louis XVIII au trône de France. — Le Jugement dernier, etc. 8 pièces.

193. Vue de l'île Sainte-Hélène. 10 pièces coloriées.

194. Revue des troupes alliées, passée au pont de Neuilly, le 17 juillet 1815. — Bivouac Anglais. — Bivouac de la garde royale prussienne. — Bivouac prussien. 4 pièces gravées par Charon, Coqueret et Jazet.

195. Mort du colonel Labédoyère. — Mort du maréchal Brune. 6 pièces sur les mêmes sujets.

196. Madame de Lavalette fait évader son mari en lui donnant ses vêtements de femme. Grande pièce gravée par W. Reynolds, d'après Vernet. — Autres pièces sur le même sujet, en tout 6 pièces.

197. Le Testament de Louis XVI ou les regrets et l'espérance. — Apothéose de Louis XVI. — Fête de S. M. Louis XVIII au jardin des Tuileries, le 25 août 1815. — Pièces en l'honneur de Louis XVI, etc. 18 pièces.

198. Entrée de S. A. R. Mme la duchesse de Berri à Marseille le 30 mai 1816. — Mariage de S. A. R. Mgr le duc de Berri, le 17 juin 1816. 2 pièces gravées par Jazet. Autres sur les mêmes sujets. 10 pièces.

199. Pièces sur les mêmes sujets et autres. 14 pièces.

200. Chronologie des rois de France. — La France sous les traits de la duchesse de Berri, dans les bras de l'Espérance. — Sujets divers. 14 pièces.

201. 28 pièces portraits, et pièces sur les assassins de Fualdès, et les personnes compromises dans le procès.

202 Collection des portraits des principaux personnages qui figurent dans l'affaire de Fualdès. Dessinés à Albi, par Sudre, élève de David. 22 pièces.

203. Enthousiasme des François pour Henri IV. École d'enseignement mutuel à Metz. — Intérieur de l'école d'enseignement mutuel, située rue du Port-Mahon. — Les élèves de l'Ecole polytechnique au tombeau de Monge. — Un landau, etc. 10 pièces lithographiées par Marlet, Lecomte et autres.

204. La Bourse, caricature sur les joueurs, les plaideurs, les amateurs de tableaux, etc. 13 pièces.

205. Caricatures sur Chateaubriand et autres. 13 pièces.

206. Vues de Domremi et autres pièces sur Jeanne d'Arc. — Vues de Meudon et de Saint-Cloud, etc. 11 pièces.

207. Caricatures contre les élections, les journaux, etc. 19 pièces.

208. Le vrai jeu de la Drogue, suite de 4 pièces. — L'Enfant du régiment, etc. 8 pièces.

209. Le duc de Berri, ou les vertus et belles actions d'un Bourbon, par Edouard Hocquart. Suite de 12 pièces et un titre.

210. Assassinat et mort de Mgr le duc de Berri. 15 pièces.

211. Suite de 6 lithographies, par Vigneron, sur les mêmes sujets.

212. 24 pièces ayant rapport au même événement.

213. Derniers moments de Mgr le duc de Berri. — Naissance de Mgr le duc de Bordeaux. 2 pièces gravées par Girardet et Lignon, d'après Fragonard.

214. Naissance de Mgr le duc de Bordeaux. 25 pièces sur le même sujet.

215. 23 pièces. Caricatures diverses sur les journaux et sujets militaires.

216. Charte constitutionnelle. Grande pièce gravée par Jazet d'après N. Gosse.

217. Baptême et pièces allégoriques sur la naissance de Mgr le duc de Bordeaux. 20 pièces.

218. Plans et vues du château de Chambord, par Le Rouge. 15 pièces.

219. Madame la duchesse de Berri aux montagnes d'Auvergne, etc. 5 pièces.

220. Caricatures sur Lafayette, Benjamin Constant et autres. 30 pièces.

221. Colonne française. Grande histoire en 20 petites gravures, dédiée aux jeunes Français.

222. Caricatures politiques et autres, contre les ministres et les journaux. 32 pièces.

223. Intérieur de l'atelier d'Horace Vernet, d'après lui-même. Gravé par Jazet.

224. Scène de l'enlèvement de M. Manuel de la chambre des députés. 7 pièces sur le même sujet.

225. Pièces publiées à l'occasion de la guerre d'Espagne. 29 pièces.

226. 34 pièces publiées à la même occasion.

227. 56 pièces publiées à la même occasion, la plupart à la gloire de Mgr le duc d'Angoulême, lors de son retour d'Espagne.

228. Mort de l'empereur Napoléon. 24 pièces sur le même sujet.

229. 18 pièces allégoriques publiées à la même occasion.

230. La maladie de Las Casas, gravé par P. Adam, d'après Hersent.

231. Le Coucou. — La Brodeuse. — Les Saltimbanques, etc. Caricatures diverses, par Ch. Aubry, Vauger, H. Vernet, Leprince et autres. 43 pièces.

232. La Leçon de danse. — La Leçon d'équitation. — La Leçon d'escrime. — La Leçon d'exercice. 4 pièces gravées par Charon, d'après Aubry.

233. Mort de Géricault. Lithographié par Maurice, d'après Scheffer.

234. Lithographies diverses, caricatures et autres. 35 pièces.

235. Mort du roi Louis XVIII et avénement de Charles X au trône. 29 pièces sur les mêmes sujets.

236. Pièces diverses, critiques contre Benjamin Constant, etc. 42 pièces.

237. Sacre de S. M. Charles X. 29 pièces publiées à cette occasion.

238. Allégorie du sacre de S. M. Charles X. Grande pièce gravée en manière noire par A. Moreau, d'après Dubouloz.

239. Lithographies et caricatures diverses. 23 pièces.

240. Mort du général Foy. 28 pièces publiées à cette époque.

241. Les Trois âges du soldat. — Les Artistes en plein air. — Combats du mélodrame et du vaudeville. — Cocher anglais. — Cocher français, etc. 10 pièces lithographiées par Traviès et autres.

242. Scènes de comédie, pièces tirées du journal la Pandore. — Les Ressemblances, etc. 40 pièces.

243. Intérieur d'église. — Tombeaux, plan d'un quartier neuf à Mulhouse, etc. 14 pièces.

244. Les Grisettes de Bordeaux par G. de Galard. — Scènes du cirque Franconi, etc. 18 pièces.

245. Les Orphelins. — La Mort de l'orpheline. 2 lithographies par Maurin, d'après Pingret. — Les Deux sœurs de charité. 2 pièces gravées par Leclerc, d'après Deveria. — La Marchande d'allumettes. 5 pièces.

246. Portrait de la girafe envoyée au roi de France par le pacha d'Égypte, le 9 juillet 1827. — Les Indiens de la tribu des grands Osages, arrivés du Missouri au Havre, le 27 juillet 1827. 20 pièces sur les mêmes sujets.

247. Vues de Paris et de France. 19 pièces.

248. Lithographies par Denon Bellangé, Swebach et autres. 50 pièces.

249. Atlas constitutionnel ou tableaux chronologiques et biographiques de la monarchie représentative en France, depuis le retour des Bourbons. Par A. J. de Mancy.

250. Vues des Catacombes de Paris, suite de 6 pièces gravées par Cloquet, plus la même suite. Epreuves coloriées, en tout 12 pièces.

251. Nouveau plan de la ville de Paris en 1828, indiquant les différentes directions des nouvelles voitures dites omnibus. Autres pièces publiées à cette occasion, etc. 9 pièces.

252. Voyage de S. M. Charles X en Alsace. — Campagne d'Orient. 9 pièces.

253. La Mort du proscrit. — Béranger et la fée. — Le Tailleur et la fée, 3 pièces d'après Devéria et Vafflard.

254. Vue du port de Marseille. — Croquis lithographiques, etc. 13 pièces.

255. Vues de Bordeaux, de Paris, de Saint-Germain-en-Laye. Convoi de Benjamin Constant, etc. 25 pièces.

256. Pièces sur la révolution des Pays-Bas en 1830, et autres. 16 pièces.

257. Campagne d'Afrique en 1830, 27 pièces cartes et plans du théâtre de la guerre.

258. Révolution de Paris, plan figuratif des barricades ainsi que des positions et mouvements des troupes pendant les journées des 27, 28, 29 juillet 1830.

259. Sous ce numéro il sera vendu environ, 1200 pièces. Caricatures, pièces politiques et autres, sur le roi Charles X, le roi Louis-Philippe, la prise et l'expédition d'Alger, et la révolution de 1830.

260. Sous ce numéro, il sera vendu un portefeuille contenant les plans figuratifs de la chambre des députés et de la chambre des pairs de 1815 à 1832; enseignes de marchands et autres pièces.

Familles royales de France, ayant régné de l'année 814 à 1832.

261. Rois et reines de France depuis Charlemagne à Henri IV. 39 pièces par Daret, Demarcenay, Montcornet, Odieuvre et autres.

262. Louis XI. Portrait en pied gravé par Matheus.

263. Henri IV. Grand portrait en pied, gravé par David, faisant pendant au portrait de Louis XVIII, gravé par Massard.

264. Portraits de Henri IV, par Audoin, Alix, Tardieu, Vérité, et autres. 15 pièces.

265. Anne d'Autriche, par Lochon, Vorsterman, Schmidt. 5 pièces.

266. Louis XIII. 14 portraits par Callot, M. Merian, C. de Passe, Valet et autres.

267. Louis XIV, par Massard, Vermeulen, J. B. Corneille, Montcornet, Edelinck et autres. 12 pièces.

268. Louis XV et Marie Leczinska. 13 pièces par A. de Saint-Aubin, Dupin Desrochers.

269. Louis XVI. Charmant petit portrait gravé par N. le Mire. Superbe épreuve, rare.

270. Louis XVI, Marie-Antoinette, madame Royale et le Dauphin. 10 portraits gravés par Tardieu, Bertrand, Bovinet, A. de Saint-Aubin et Coutellier.

271. Louis XVII, le duc d'Enghien, madame Elisabeth, madame Royale. 19 pièces par divers graveurs.

272. Portrait du général Bonaparte, comme premier consul, gravé par Bartolozzi, d'après Appiani.

273. Le même personnage, gravé en manière noire, par Dickinson, d'après A. J. Gros.

274. Les généraux Bonaparte et Moreau. 4 portraits dont 2 équestres.

275. Bonaparte à Marengo, à Arcole, etc. 4 portraits par Chataignier, Ruote, Tassaert, etc.

276. Bonaparte, 1er consul, madame Bonaparte et Cambacérès. 30 pièces.

277. Napoléon empereur. Très-grand portrait en couleur, gravé Cazenave, d'après Vandewal.

278. Napoléon, en bas la bataille d'Austerlitz. L'impératrice Joséphine, en bas la scène du couronnement. Autres portraits des mêmes personnages. 4 pièces gravées par Audoin, Bovinet et autres.

279. Le même personnage. 4 portraits par Jehotte, Bouillard, etc.

280. Napoléon et Marie-Louise. 2 grands portraits en pied, gravés à Milan, par Louis Rados, d'après Bosio. Le portrait de Marie-Louise est colorié.

281. Marie-Louise. Très-grand portrait en pied, gravé par Godefroy.

282. Napoléon et Marie-Louise. 2 portraits en grand costume, gravés par Mécou, d'après Isabey.

283. Marie-Louise et la reine Hortense. 3 portraits gravés par Desnoyers, Laugier et Pradier.

284. Portrait du roi de Rome, gravé par Desnoyers. — Le même personnage en costume de hussard autrichien. Grand portrait équestre, gravé en manière noire.

285. Sous ce numéro il sera vendu environ 300 portraits de l'empereur Napoléon, des impératrices Joséphine et Marie-Louise, et de toute la famille impériale.

286. Portrait de l'empereur, de ses frères et des principaux dignitaires de l'empire. 32 portraits sur la même feuille.

287. Portrait du prince et de la princesse Joachim Murat, du prince Eugène et de la princesse de Bavière sa femme. 3 pièces gravées par Caronni et Choubard.

288. Louis XVIII assis dans son cabinet, gravé par Girard d'après Gérard. Epreuves avant toutes lettres.

289. Le même personnage en manteau royal, gravé par R. U. Massard, d'après Gérard.

290. Le même personnage en pied, et en manteau royal, gravé par Audoin, d'après Gros.

291. Portraits de Louis XVIII, — Charles X, du duc et de la duchesse de Berri, — du duc et de la duchesse d'Angoulême. 6 portraits gravés par Audoin, Gudin, Beisson et Garnier.

292. Le roi Charles X et S. A. R. madame la duchesse d'Angoulême. 2 portraits en buste plus forts que nature, gravés par Bertrand.

293. Portrait du roi Charles X, en grand costume, gravé par Jazet.

294. Le même personnage, à cheval, en tête de son état-major. Très-grande pièce gravée par Jazet, d'après H. Vernet.

295. Le même personnage, également en tête de son état-major et passant la revue au Champ-de-Mars, le 30 septembre 1824, gravé par Charon, d'après Aubry.

296. Sous ce numéro il sera vendu environ 400 portraits des rois Louis XVIII et Charles X et de toute la famille royale.

297. S. A. R. Mgr le duc de Berri. Très-grand portrait équestre gravé par Jazet, d'après H. Vernet.

298. S. A. R. Mgr le duc d'Angoulême. Très-grand portrait en pied, gravé par Jazet, d'après Kinson.

299. S. M. le roi Charles X à cheval en tête de son état-major. Grande lithographie par Bellangé.

300. Louis-Philippe 1er, roi des Français. Grand portrait équestre gravé par Gibele, d'après Sauvied.

301. Le même personnage.— S. A. R. le duc d'Orléans. 2 portraits équestres. Lithographiés par Marin Lavigne et Maurin. Epreuves sur chine.

302. S. A. R. madame la duchesse d'Orléans, mère du roi Louis-Philippe, gravé par Laugier, d'après Gérard. Epreuve avant la lettre.

303. Portraits de LL. MM. le roi Louis-Philippe et la reine Marie-Amélie; des princes et princesses de leur famille. Environ 100 pièces.

Poëtes et Écrivains célèbres.

304. Voltaire, Rousseau, Rameau, H. Chesneau, Molière, Puget, de la Serre, Boileau, Richelet, etc. 25 pièces par différents graveurs.

305. Racan, Voiture, madame Deshoulières, Ronsard, Cl. Marot, R. Belleau, Crébillon, Piron, Fontenelle, Nivelle, de la Chaussée, Rousseau, Ch. Perrault, Regnard, Boileau, Lafontaine, Corneille, Racine, Scaron, Sarrasin, Malherbe et autres. 45 portraits, la plupart gravés par Ingouf.

306. Descartes, Voltaire, Cl. Marot, J.-J. Rousseau, Helvétius, Malherbe, N. de la Chaussée, etc. 32 pièces par divers graveurs.

307. Ancelot, P.-L. Courier, de Prôny, Enfantin, de Lamartine, A. Dumas, V. Hugo et autres. 55 pièces lithographiées.

308. Dîners du Vaudeville. Caveau moderne. Grande lithographie, avec trait explicatif, par Marlet, représentant les portraits d'auteurs célèbres à cette époque.

309. Poëtes français de toutes les époques. 57 pièces.

Peintres, Sculpteurs et Graveurs.

310. Louis David. Grand portrait en pied, gravé par Jazet, d'après J. Odevaer.

311. Le même personnage. 10 pièces, gravures et lithographies.

312. Denon, J. Warin, N. Poussin, Dietricy, Champagne, Rigaud, Lantara, Drouais, Brongniart, Vernet, Canova, Van-Spaendonck, Deveria, Charlet, Regnault, C. Roqueplan, Granet et autres. 49 pièces.

Musiciens et Compositeurs de musique, Acteurs et Actrices.

313. Chérubini, Grétry, Kreutzer, Berton, Monsigny, Dalayrac, Haydn, Mozart, Spontini, Paer. 10 portraits gravés au physionotrace, par Quénedey.

314. Grétry, Viotti, Rossini, Berton, Godefroy, Paganini et son fils, Listz, Boieldieu, E. Jouy, Garat, etc. 28 pièces lithographies diverses.

315. Le Kain dans le rôle de Gengis-Kan, Préville, Laruette, C. Bertenazzi, Baron, mademoiselle Georges, mesdames Catalini, Raucourt, Mars, Bourgoin, Saint-Aubin, Duchesnois, Branchu et autres. 22 pièces gravées par Levesque, Auvray, Roy et autres.

316. Mademoiselle Mars. 12 portraits, gravures et lithographies, par Collin, Lignon, Lecomte et autres.

317. Mesdames Duchesnois, Dugazon, Boulanger et Bourgoin. 4 pièces, par Gérard, Monsaldy et Audoin.

318. Mesdames Clairon, Léontine Fay, Noblet, Damoreau-Cinti, Taglioni, Montessu, Sontag, Dupont, Malibran, Allan-Dorval, Méric Lalande, Pradier, Georges, Prevost, Grevedon, Pasta, Duchesnois, etc. 42 pièces.

319. Mesdames Mori, Paradol, Sontag, Mars, Déjazet, Barroyer, Dormeuil, Noblet, Boulanger, Dupont, Dupuis, Catalini, etc. 79 pièces.

320. Les mêmes personnages. 45 pièces.

321. Gontier, Victor-Baptiste aîné, Solié, Baptiste Cadet, Fleury, Martin, Elviou, Mazurier, Préville, Lavigne et autres. 16 pièces.

322. Talma. 42 portraits par Lignon, Gérard, Vigneron et autres.

323. Favart, Préville, Le Kain, Huet, Numa, Graziani, Chollet, Lepeintre, Baptiste aîné, David, Nourrit, Vernet, Ferville, Porlet, Ligier, Victor, Firmin, Ant. Michot, Tiercelin, Odry, etc., etc. 94 pièces.

324. Philippe, Blache, Gavaudan, Romagnesi, Nourrit, Ligier, Baptiste aîné, Firmin, Lockroy, Lablache, Ferville, etc., etc. 17 pièces.

325. 119 portraits d'acteurs, la plupart des personnages indiqués ci-dessus.

Médecins et Chirurgiens célèbres.

326. Larochefoucauld-Liancourt, introducteur de la vaccine en France; Dubois, Gall, Antoine Petit, Nostradamus, J.-J. Sue, de la Martinière, J. Louis Petit, de la Peyronnie, Hecquet, Fagon, Guido Patin, Mathias de L'Obel, etc. 21 portraits gravés par Potrelle, Monsaldi, Ficquet, J. Isaac, etc.

327. Cullerier, Gall, Dupuytren, Lamanon, de Lanneau, Fouquier, Joseph Roques, Janin de Saint-Just, Portal, Béclard, Naucher, Orfila et autres. 89 portraits.

Ministres, Députés et Célébrités politiques.

328. D'Argenson, Claude le Blanc, P. Seguier, Sully, M. de Lhopital, L. d'Héricourt, Turgot, Mirabeau, René Pucelle, René Hérault, Bailly, Phelypeaux de Pontchartrin et autres. 31 portraits par Saint-Aubin, Gaucher, Demarceney, Dupuy et autres.

329. Sully, marquis de Rostaing, Fleuriau d'Armenonville, d'Argenson, Augustin de Meaupeau, Hue de Miroménil, etc. 11 portraits gravés par Chenu, Tardieu, L. Cars, Habert, Le Beau et autres.

330. Portraits et sujets allégoriques sur Necker. 17 pièces.

331. Le comte de Cazes, Clarke, duc de Feltre, Lally-Tolendal. 5 portraits gravés par Toschi, Masson et autres.

332. Chauveau-Lagarde, de Peyronnet, B. Constant, Lavoisier, Lanjuinais, Larochefoucauld-Liancourt, duc de Choiseul, duc de Broglie, J. Laffitte, Royer-Collard, Dupin, Casimir Périer, etc. 68 portraits.

333. C. Périer, le comte Lobau, Cavaignac, prince de Polignac, baron Pasquier, baron des Touches, Semonville, Labourdonnaye, Royer-Collard, etc. 66 portraits.

334. De Fontanes, C. Jordan, Laffitte, Chauvelin, Labourdonnaye, général Foy, B. Constant, Manuel, Sébastiani, Lafayette, etc. 73 portraits.

Maréchaux, Généraux et Officiers supérieurs de l'armée.

335. Turenne, Condé, duc de Montmorency, etc. 10 pièces.

336. Duc d'Angoulême, duc de Broglie, Condé, prince de Conti, Anthoine de Grammont, comte d'Harcourt, duc de Noailles, Bayard, etc. 26 portraits par Montcornet et autres.

337. Bayard, Vauban, maréchal de Luxembourg, duc de Vendôme, duc de Bourgogne, Coligny, de la Perouse, duc de Guise, connétable de Bourbon, Catinat, et autres. 22 portraits gravés par Massard, Gaucher, Barbié, etc.

338. Charette, Brune, Barra, Crillon et Sully. 8 portraits par Janinet et autres.

339. Augereau, Bonaparte et Brune. 3 portraits en pied, gravés par Ruotte, Coqueret et Tassaert.

340. Oudinot, Lasalle, Lannes, Moreau, Bernadotte, Davoust, Soult, Moncey, etc. 20 portraits par différents graveurs.

341. Championnet, Brune, Lasalle, Masséna, Ney, Junot, Lecourbe, Rapp, Davoust, Soult, etc. 33 portraits.

342. 25 portraits, la plupart les mêmes personnages que ceux indiqués ci-dessus.

343. Murat, Lecourbe, Oudinot, Adreossy O' Connor. 8 pièces.

344. Portraits du général Foy. 28 pièces.

345. Maréchal Bertrand, Kellermann, de Larochejaquelein, Charette, Lafayette, Brune, Oudinot, Molitor, Berthier, Suchet, Pajol, Bertrand, Freissinet, etc. 24 pièces.

346. Dugommier, Abalucci, Pichegru, Bruix, Colbert, Baraguey-d'Hilliers, La Riboissière, Lepic, Lecourbe, Brune, Augereau, Masséna, Rapp, Custine, Duroc, Moreau, Junot, Gourgaud, Davoust, Dumouriez, etc., etc. 93 portraits.

347. 66 portraits des mêmes personnages que ceux indiqués ci-dessus.

348. Portrait d'Alexandre Berthier, prince de Neufchâtel. Grand portrait en pied, gravé par Hubert Lefévre, d'après Pajou.

349. Le même personnage. Grand portrait en pied, gravé par Prot, d'après Berdier.

350. Portrait équestre du général marquis de Béthizy, pair de France, gravé par Jazet, d'après Laby.

351. Portrait du général Laffayette, gravé par Leroux, d'après Scheffer.

352. 21 portraits du même personnage.

353. 19 portraits gravés par Charon, des principales célébrités françaises, militaires, littérateurs, ecclésiastiques, etc.

354. Les Généraux vendéens. 10 portraits en pied.

355. Portraits des empereurs d'Autriche, de Russie, et des généraux combattant contre l'armée française à Waterloo. 79 pièces.

Ecclésiastiques.

356. Portrait de J. de Soanen, évêque de Senez, et prières publiées à l'occasion de sa mort. 26 pièces.

357. Portraits et pièces allégoriques sur le cardinal Richelieu. 10 portraits par Huret, Rousselet et autres.

358. Pasquier Quesnel, de Caylus, évêque d'Auxerre, Rollin, cardinal de Vintimille, etc. 10 portraits.

359. Pasquier Quesnel. Très-joli portrait gravé par Barbié. Epreuve avant l'adresse de l'auteur, plus le même portrait avec l'adresse. 2 pièces.

360. L'abbé Terray, le P. Elisée, du Port-Dutertre, cardinal Fleury, l'abbé de l'Epée, etc. 13 portraits par Ingouf, Aubert, Le Beau, Macret et autres.

361. Cardinal Fleury, Bignon, Pasquier Quesnel, etc. 21 portraits de la suite d'Odieuvre et Desrochers.

362. Cardinal de Retz, le père Lachaize, Bossuet, cardinal de La Valette, Saint-Evremont, N. Pavillon, etc. 17 pièces gravées par Ficquet, Montcornet, Grignon et autres.

363. Baudrand, Godet Desmarais, Tournus, N. P. Guéret, etc. 10 portraits gravés par Crépy et autres.

364. Niceron, P. du Val, Jacques Labbé, Claude le Peletier, Cl. de Sainte-Marthe, P. Nicole, etc. 11 portraits par M. Lasne, Hubert, Langlois et autres.

365. L'abbé de Lille, moine portant sur son dos une gerbe de blé au milieu de laquelle est une jeune femme, etc. 7 pièces.

366. L'abbé Nollet. — Les quatre appelants au concile général, cardinal de Bernis, Loménie de Brienne, de Condillac, de Besplas, etc. 8 portraits gravés par Ficquet, Cunego, Huet et Bertrand.

367. Portraits du diacre Pâris et autres 6 pièces.

368. Portraits du cardinal Mazarin. 6 pièces par Huret et autres graveurs.

369. Portraits des principaux ecclésiastiques et chefs de communautés religieuses du XVIIe siècle. 38 petits portraits en buste, sur piédestal, gravés par Mathey.

370. Feutrier, Courbon, cardinal Fesch, l'abbé Rouzan, l'abbé Boudot, etc. 51 portraits.

371. Léon XII, Pie VII, de Quélin, l'abbé de Rochebrune, l'abbé Dubois, missionnaire, Grégoire XVI, etc. 48 portraits.

372. L'abbé de Lamennais, de Forbin-Janson, de Villèle, de Séguin-des-Hons, de Cheverus, l'abbé Maury. 39 portraits.

373. Fléchier, Bossuet, saint Vincent de Paul, Bourdaloue, Antoine Arnaud, l'abbé de l'Epée, Fénelon, saint François de Sales, l'abbé Maury, l'abbé Sicard et personnages religieux. 36 portraits.

374. Pie VII. 15 portraits du même personnage.

Femmes célèbres.

375. La Joconde, la belle Ferronnière, Charlotte Corday, madame Rolland, Jeanne d'Arc, etc. 9 portraits.

376. Mesdames de Maintenon, de La Vallière, de Grignan, N. de l'Enclos, de Sévigné, de Montpensier, madame de Staël, comtesse de Genlis, etc. 21 portraits.

377. Mesdames du Chatelet, Marie de Gonzague, duchesse de Montmorency, madame de Sévigné, Gabrielle d'Estrées, etc. 11 portraits.

378. Mesdames de Maintenon, de Montespan, de La Vallière, de Sévigné, N. de l'Enclos et autres. 8 portraits.

379. La jeune Sœur hospitalière, portrait de mademoiselle Junot, fille du maréchal, gravé par Lignon, d'après Dévéria.

Divers.

380. Portraits du cardinal Dubois, de Law, et du Régent. 4 portraits avec texte pour servir à l'histoire du système de Law.

381. E. Clavière, A. Dupont, Custine, d'Epremesnil, Condorcet, J. Chrétien, Sigaud de La Fond, J. de La Lande, etc. 22 portraits par Denon, Saint-Aubin, Vérité, Beljambe, Roger et autres.

382. Portrait de Trichet, gravé à l'eau-forte; P. Ramus, gravé par Van Sichem. 2 pièces.

383. Philippe-Emmanuel de Gondy, G. du Vair, J.-F. Le Petit, N. Sanson, S. Cramoisy, etc. 14 portraits gravés par Duflos, Van Sichem, Edelinck et Rousselet.

384. Calvin et Th. de Bèze. 5 portraits.

385. Célébrités civiles et militaires. 46 portraits.

386. Voleurs et assassins. 36 portraits.

387. Fouquet (Nicolas), surintendant des finances; charmant petit portrait en buste, sur piédestal, gravé par Van Schuppin.

388. Le grand Condé, petit buste au milieu d'ornements et de figures, gravé par Vermeulen, d'après Sevin.

389. Marie-Cécile, princesse ottomane, fille d'Achmet III. Très-joli portrait gravé par Gaucher.

390. L.-F. Jauffret, gravé par Gaucher. Portraits divers. 3 pièces.

391. Boissard (J.-J.). Portrait gravé par Th. de Bry.

LITHOGRAPHIES

392. **Adam** (Victor). Promenades dans Paris. Suite de 13 pièces, dont un titre.

393. Un an de la vie d'un jeune homme, histoire véritable en 17 chapitres. Suite de 18 pièces et un titre.

394. **Anonyme.** Parades. Suite de 12 pièces.

395. La Vie d'un artiste. Suite de 12 lithographies coloriées.

396. Sujets divers. 17 pièces.

397. **Aubry-Lecomte.** Madame Récamier assise sur un canapé, dans un cabinet richement ornementé. Grande lithographie d'après de Juinne. Rare.

398. **Bellangé** (H.). Sujets militaires et pièces tirées d'albums. 19 pièces.

399. Sujets tirés d'albums et autres. 33 pièces.

400. **Boilly** d'après (L.). Réunion d'artistes, pièce gravée par A. Clément, avec trait explicatif.

401. La même pièce. Épreuve coloriée.

402. **Boilly** (L.). Spectacle gratis. — Le Cabaret. — Le Jeu de tonneau. — Réjouissance publique. — Réunion de 35 têtes diverses. — A la santé du roi! 6 grandes pièces.

403. Le Pauvre chat. — Le Singe mendiant, etc. 6 pièces.

404. Les sept Péchés capitaux. — La première et la dernière Dent. — Les Figurantes, etc. 22 pièces coloriées.

405. **Boissy.** e comte de Boursoufle, comédie par Voltaire. Suite de 12 pièces.

406. **Bouchot.** Tableau des vicissitudes de la fortune. Suite de 6 pièces. — Les Rêves. Suite de 6 pièces.

407. **Boulanger**. Ronde du Sabbat. Très-grande lithographie. Epreuve sur chine.

408. **Charlet** (Ch.-N.-T.). N'abandonnez pas cette pauvre veuve. — Portrait de l'acteur Odry (rôle de Beldame) dans la *Leçon de danse* (C. L. 3), etc. 4 pièces.

409. Napoléon à Iéna (10).

410. Les Invalides en goguette (50 R.).

411. M. Pigeon en grande tenue (53 R.). — Le Peintre d'enseignes (57). 2 pièces.

412. Que dit-on (58 R. R.)? — On dit (59 R. R.). — On ne dit rien (61). — Il faut en rire (63). — On assure. En bas de cette dernière le monogramme C. M.

413. Ils s'en vont (62).

414. Je boude avec les blancs (64 R. R. R.).

415. Au maréchal Brune (82 R. R. R.).

416. L'Intrépide Lefèvre (102). — C'est mon père, c'est mon père. (103.) 2 pièces.

417. Garde nationale de Paris. Grenadier (grande tenue), 1827. — Garde nationale de Paris. Chasseur (grande tenue), 1827. (206 à 208.) 2 pièces.

418. Triomphe de la Religion (273, 274). — Epreuve où les deux sujets sont imprimés sur la même feuille.

419. J'obtiens de l'activité (275). — Il m'en reste encore un pour la patrie (276). — Aux vieux grognards le tailleur de pierres reconnaissant (277). 3 pièces.

420. Ecole du balayeur (279). — Voilà pourtant comme je serai dimanche (280). — Vous croisez la baïonnette sur les vieux amis! vous n'êtes donc plus français? 3 pièces.

421. Soyez plutôt maçon si c'est votre talent (101 R.). — J'aime la couleur (284). — Paie et tais-toi (287). 3 pièces.

422. Louis XVIII, vu par le dos, au balcon des Tuileries (288, R. R. R.).

423. Je suis innocent! dit le conscrit. Par le flanc droit! répond le caporal (291).

424. Promenade à Belleville de madame Durand, Coco, Fifine, Azor, Polichinelle et M. Durand. On aperçoit le petit cousin (295). — Madame valse avec le cousin (296). 2 pièces.

425. Le Premier coup de feu. — Le Second coup de feu (299, 300). 2 pièces.

426. Jeune, se dit-il, j'avais des dents et pas de pain ; vieux, j'ai du pain et pas de dents. — Même sujet, avec la même légende. Dessin tout à fait différent du précédent : le vieillard porte un chapeau à trois cornes.

427. Ils sont les enfants de la France (305). — L'Insubordination. 2 pièces.

428. Est-ce un dindon (306)? — Où il y a de la gêne, etc. 8 pièces.

429. Au commandement de halte. — Au commandement de pas d'observations (309, 310). 2 pièces.

430. L'Allocution, 29 juillet 1830 (333). — La Boule de neige. 2 pièces.

431. Combat de la rue Saint-Antoine. — Le Pont d'Arcole. — Prise du Palais-Royal. — Le Peuple à la caserne des gendarmes (445, 448). Suite de quatre pièces exécutées avec Jaime. Epreuves sur chine.

432. Comment faire? — Dissimulons. 2 pièces.

433. Sous ce numéro il sera vendu 72 pièces tirées d'albums et croquis divers, dont quelques pièces rares.

434. **Decamps**. L'An de grâce 1840....

435. La France pleure les victimes.

436. Grands sauteurs. *La Caricature*, n° 15.

437. Une pauv'petite préfecture, s'il vous plaît. Epreuve coloriée.

438. Le Pieu monarque.

439. Ah!... cette fois je sens bien que j'en rends....

440. Ordonnance!!... *La Caricature*, n° 62.

441. Liberté française Désirée, fille du peuple, née à Paris, le 27 juillet 1830. *La Caricature*, n° 36.

442. Voilà ce qui vient de paraître. Epreuve coloriée.

443. Arrêt de la Cour prévotale. Pièce tirée du journal *la Caricature.*

444. Une visite à l'Hôtel-Dieu. Pièce rare.

445. **Delacroix** (E.). La Consultation. Epreuve coloriée.

446. Un Bonhomme de lettres en méditation. Epreuve coloriée.

447. Le Grand-Opéra. — Théâtre-Italien. 2 pièces rares, tirées du journal *le Miroir.*

448. Gare derrière ! Pièce tirée du journal *le Miroir.*

449. **Delarue** (F.). Tableau de Paris, ou costumes, habitudes et usages des habitants de cette capitale. Suite de 21 pièces plus un titre.

450. **Denon.** Son portrait et 24 pièces de son œuvre.

451. **Duval-Lecamus.** L'Etude. — La Prière. — Le Jour de barbe. — Le Sommeil de la grand'mère. Suite de 4 pièces.

452. **Deveria** (d'après). Napoléon et ses contemporains. Suite de gravures représentant des traits d'héroïsme, de clémence, etc. 47 pièces gravées par Lefèvre, Sixdeniers, Blanchard et autres.

453. **Fauconnier.** L'Eléphant du roi de Siam. Suite de 6 pièces avec texte.

454. **Francis.** Esquisses parisiennes. Suite de 30 pièces et un titre.

455. **Garnerey.** Le Petit Sancho. Suite de 24 proverbes mis en action.

456. **Gérard** (d'après). Suite de 19 portraits en pied, gravés à l'eau-forte par P. Adam. Epreuves sur chine.

457. **Gérard-Fontallard.** Histoire d'une épingle. Suite de 16 pièces et deux titres.

458. **Gérard-Fontallard.** Souvenirs des 27, 28, 29 juillet 1830. Suite de 6 pièces.

459. **Géricault.** Son portrait par Deveria et Vienot d'après Vernet, etc. 3 pièces.

460. Le Factionnaire suisse au Louvre. Superbe épreuve.

461. **Girodet-Trioson** (d'après). Son portrait. — Scène représentant la vente de ses dessins. — Giraudet et ses élèves, etc. 6 pièces par Aubry Le Comte, Lambert, Vigneron.

462. **Granville** (J. J.). Révolution de 1830, pièces tirées du journal *La Caricature*. 14 pièces.

463. **Grenier** (F.). Le Retour du neveu. — Paysans de Montmorency. — Une Mauvaise rencontre. — Le Port d'armes, etc. 10 pièces.

464. **Ingres** (d'après). Portrait de M. de Norvins, dessiné à Rome en 1811, et lithographié par Muret.

465. **Isabey** (J. B.). Caricatures, 1828. Suite de 12 pièces imprimées à 2 teintes. Rares.

466. Portrait de madame la duchesse de Dino, d'après Gérard.

467. **Jaime**. La Vie d'un journaliste. Suite de 12 pièces.

468. **Lami** (E.). Souvenirs du camp de Lunéville. Suite de 6 pièces et un titre.

469. **Lanté**. Marchandes et ouvrières de Paris, de 1820 à 1825. Suite de 46 pièces gravées par Gatine.

470. **Leprince** (X.). Inconvénients d'un voyage en diligence. Suite de 12 pièces.

471. **Levasseur**. Essais lithographiques. Suite de 20 pièces dont un titre.

472. **Monnier** (H.). Scènes de la vie parisienne. Suite de 30 pièces.

473. Les Grisettes. Suite de 6 pièces. — Mes compensations. 4 pièces; en tout 12 pièces.

474. Mœurs administratives. Suite de 6 pièces avec titre.

475. Le Temps. Suite de 29 pièces.

476. Paris vivant. Suite de 22 pièces et un titre

477. Six quartiers de Paris. Suite de 7 pièces dont un titre.

478. Chacun prend son plaisir où il le trouve. Suite de 6 pièces coloriées par le Maître pour servir de modèle au coloriste.

479. Les Grisettes, leurs mœurs, leurs habitudes, leurs bonnes qualités, etc. 42 pièces et un titre.

480. Les Grisettes, dessinées d'après nature. Suite de 12 pièces et un titre.

481. Pasquinade, pièces diverses. 27 pièces.

482. Exploitation générale des modes et ridicules de Paris et Londres. Suite de 10 pièces et un titre.

483. Les Petites misères humaines. — Les Petites félicités humaines. 10 pièces et deux titres.

484. Récréations. Suite de 30 pièces.

485. Postillons et Cochers anglais et français. 4 pièces.

486. **Napoléon** (La princesse Charlotte). Les salons d'aujourd'hui. Grande pièce publiée en 1821.

487. **Philipon** (Ch.). Le Lavater des dames. 6 pièces, plus 8 pièces diverses, en tout 14 pièces.

488. Les Ridicules. — Encore des ridicules. Suite de 36 pièces. — L'Amour en Chine, par Feuchère, etc., en tout, 46 pièces.

489. Déplaisir. Suite de 4 pièces. — Les Arts et Métiers, par Gaillot 18 pièces.

490. Les Amourettes. Suite de 56 pièces.

491. Souvenir d'amourette, 8 pièces. — La Grisette abandonnée, 8 pièces par Bouchot. En tout 16 pièces.

492. Déclaration d'amour. Suite de 20 pièces.

493. Croquis d'un flâneur. — Manières françaises, etc. 20 pièces.

494. Miroir des dames. Suite de 6 pièces.

495. Spéculateurs sur la bêtise publique. Suite de 12 pièces.

496. Les Compensations. Suite de 24 pièces lithographiées par Wattier.

497. **Pigal.** Médailles ou Contrastes. Suite de 8 pièces.

498. **Raffet.** Pièces tirées du journal la *Caricature* et de divers albums. 25 pièces.

499. Diligences. Suite de 6 pièces, dont 2 par Lœillet.

500. **Scheffer** (A.). Allons!

501. **Séguin** (G.). Sujets lithographiques, représentant les actions qui attesteront à jamais les hautes qualités que le peuple parisien a développées pendant la glorieuse révolution de 1830. 8 pièces coloriées.

502. **Tassaert**. Scènes de la vie de Napoléon. 6 lithographies coloriées.

503. **Thomas.** Le Rêve ou les Effets du romantisme. Suite de 6 pièces, avec texte et titre.

504. **Traviès** (E.). Souvenirs d'un flâneur de Paris. 10 pièces et un titre.

505. **Valmont**. Histoire d'une comédienne. Suite de 12 pièces.

506. **Vernet** (C. et H.). 19 pièces de leurs œuvres, dont les Forçats et le portrait de madame Peregeaux.

507. **Wattier** (Ed.). La Journée d'une actrice. Suite de 12 pièces.

508. Echelle conjugale. Suite de 16 pièces.

509. Sous ce numéro il sera vendu environ 200 pièces caricatures par Traviès, Philipon, Aubry, Legrand, Delarue et autres.

---

510. Description abrégée des 15 estampes sur les principales journées de la Révolution, gravées par Helman, d'après les dessins de Monnet. Superbes épreuves avant la lettre, avec toutes leurs marges. Rares de cette qualité.

511. Trois pièces sur les privilèges d'avant 1789. Coloriées.

512. Un album grand in-fol. oblong contenant 128 caricatures, de 1810 à 1815.

513. Caricatures anglaises. 81 pièces, la plupart par Rowlandson.

514. **Challes et autres.** Le Baiser refusé. — Le Vieillard. — The Wife of Deth., etc. 6 pièces gravées en couleur.

515. **Challiou** (chez). La Curieuse aperçue. Très-jolie pièce de forme ronde, gravée en couleur. Très-belle épreuve.

515 *bis*. **Descourtis**. Noce de Village. — Foire de Village. 2 très-jolies pièces en couleur. Superbes épreuves sans marges.

516. **Desrais** (d'après). La Chute favorable. — Le Jeu de l'escarpolette. 2 pièces gravées par Deny. Epreuves coloriées.

517. La Fille qui se défend mal. — Le Danger des Bosquets. — Le Rendez-vous de chasse. 3 pièces coloriées.

518. La Toilette ou l'Amusement du matin. Epreuve coloriée.

519. **Monet** (d'après). Télémaque dans l'isle de Calipso. Suite de 8 pièces gravées par Patas; les 2 premiers numéros nous manquent.

520. **Schencker.** La Brodeuse d'après Vernet, pièce en couleur. Très-belle épreuve.

521. **Ward.** Elisabeth, comtesse de Mexborough d'après Hoppner. Pièce gravée en couleur.

522. Indiferent Society. Pièce anglaise, gravée en couleur.

SUPPLÉMENT

ESTAMPES ANCIENNES

523. **Boyvin** (R.). La Nymphe de Fontainebleau, d'après Rosso (R. D. 18.)

524. **Ficquet** (Et.). Charles Eisen, d'après Vispré, belle épreuve.

525. **Guaspre-Poussin**, Paysages de forme ronde. 3 pièces.

526. **Lemaire**. Histoire de Paris et d'Hélène. 5 pièces gravées à l'eau-forte.

527. **Livens** (J.). Buste de vieillard (V). Très-belle épreuve avant l'adresse de F. Wingaerde.

528. **Loir** (A.). Repos en Egypte. Petite pièce à l'eau-forte.

528 *bis*. **Maitre** S. C. 1615. Ornements pour bijoutiers. 3 pièces sur fond noir. Très-belles épreuves.

529. **Mignard** (N.). Le triomphe de Bacchus (R. D. G.). Epreuves du 1er état, avec l'adresse de Le Blond.

530. **Ossenbeck**. Le Marchand de Genièvre. (B. 4). Très-belle épreuve du premier état, avant le nom du maître.

531. **Peters** (Bonaventure). Marine. Très-jolie eau-forte.

532. **Potter** (P.). Le Berger. (B. 15). Très-belle épreuve avec l'adresse effacée.

533. **Rembrandt**. Vieillard à grande barbe. (R. 287). Belle épreuve.

634. **Subleyras.** Le Serpent d'airain. Très-belle épreuve avant la retouche.

535. **Testa** (P.). Jeune femme évanouie entourée de plusieurs Amours. (B. 27).

536. **Wœriot.** Franciscus Duarenus, jurisconsulte. Belle épreuve.

537. Sous ce numéro il sera vendu environ 100 pièces. Gravures anciennes diverses.

Lithographies et eaux-fortes modernes

538. **Allemand** (H.). Paysages gravés à l'eau-forte, 20 pièces. Très-belles épreuves, beaucoup sont de premiers états.

539. **Appian.** L'Etang de Frignon à Creys (Isère). 2 pièces gravées à l'eau-forte. Epreuves avant la lettre.

540. **Athalin** (le baron). 8 pièces tirées du Voyage en Normandie et autres.

541. **Barye.** Etude de Tigre. — Etude de chats, etc. 4 pièces.

542. **Bonington** (L. H.). Bologna, seule eau-forte gravée par le maître. Epreuve sur chine.

543. Rouen. Cathédrale Notre-Dame, telle qu'elle était avant l'incendie de 1822. Très-belle épreuve.

544. Abbeville. Vue prise de la route de Calais. Très-belle épreuve.

545. Borgues. La Tour du marché. Très-belle épreuve.

546. Beauvais. Maison située rue Sainte-Véronique. Epreuve sur papier teinté.

547. Façade de l'église de Brou. Pl. 25 du Voyage en Franche-Comté.

548. Vue d'une rue des faubourgs de Besançon, pl. 102 du même ouvrage. Epreuve sur chine.

549. Vue générale des ruines du château d'Arlan. 2 épreuves dont une sur chine.

550. The escape from Argyle Castle et A. Duel between franck and Rashleigh. 2 pièces. Très-belles épreuves sur chine.

551. 5 pièces tirées du Voyage en Ecosse. 4 sont sur chine.

552. 5 pièces diverses, par Lewis et autres.

553. **Bonvin**. Chat endormi, petite pièce gravée à l'eau-forte.

554. **Borel** (A. de). Histoire de Cendrillon. 21 pièces à l'eau-forte.

555. **Bude**. Pêcheur napolitain. Très-jolie pièce, épreuve sur chine.

556. **Chabry**. Paysages et Animaux. 2 pièces à l'eau-forte.

557. **Charlet**. Le Grenadier de Waterloo. (C.L.C. 38). 2 épreuves.

558. L'Hospitalité (33). — La Bienvenue (35). — Triomphe de la Religion (273-274). — Il m'en reste encore un pour la Patrie. — Papa, Mamam!.... Papa, Caca, etc. 5 pièces.

559. Entrée, ou Milord Gorju, et Sortie, ou Milord la Gobe (96-97). 2 pièces rares. Très-belles épreuves en noir.

560. Costumes de la garde impériale. (167, 156). Suite de 38 pièces dont nous n'avons que 20.

561. Garde Nationale de Paris. Grenadier (grande tenue) (1827). — Garde Nationale de Paris. Chasseur (grande tenue) (1827). (206-208). 2 pièces. Très-belles épreuves.

562. 23 pièces tirées d'Albums et Dessins à la plume pour l'Ecole Polytechnique.

563. 30 pièces lithographies et eaux-fortes, la plupart tirées d'Albums.

564. Sujets divers. 10 pièces.

565. **Constantin**. Suite d'eaux-fortes. 12 pièces et un titre.

566. **Courtry** (Ch.). Portrait d'homme, d'après A. del Sarte. — Jeune fille debout, d'après Van-Dyck. 5 épreuves de ces 2 pièces, dont 3 à l'eau-forte pure, et les deux autres terminées, avant la lettre.

567. **Courtry, Rajon et Giacomotti**. Surtout de table du duc de Luynes. Groupe d'après Pradier — Vénus sur les eaux 3 pièces gravées à l'eau-forte, inédites.

568. **Daubigny**. Le Printemps. Charmant paysage en hauteur Très-belle épreuve d'un premier état avec des traits de burin dans la marge du bas, sur chine.

569. **Daubigny** (Par et d'après). Le Printemps. Culs-de-lampes. Vignettes pour romances et chansons. 11 pièces.

570. **Daumier** (A.). Liberté de la presse. Grande pièce en largeur.

571. **Decamps.** Les Anes sous le toit, pièce gravée à l'eau-forte. Très-rare épreuve de 1er état, avant le numéro et avant la signature à la pointe sèche, sur chine.

572. Le Savoyard et le Singe. Belle épreuve.

573. Le Thermomètre. Belle épreuve.

574. Classe de français, M. Contrarius. Très-belle épreuve.

575. Le Pieu monarque. Très-belle épreuve.

576. Grands Sauteurs !

577. Liberté française désirée, fille du peuple, née à Paris, le 27 juillet 1830. Très-belle épreuve.

578. Croquis. Numéro 8 d'une suite de 12. Très-rare épreuve du 1er état, avant que la pierre ait été cassée et raccommodée.

579. Croquis divers. 6 pièces. Très-belles épreuves.

680. Croquis par divers artistes. 18 pièces.

581. Essai fait à la manière noire par M. Descamps. Un Turc debout dans un intérieur. Epreuve sur chine.

582. 36 pièces tirées du journal l'Artiste.

583. **Decamps** (d'après). Ane dans une cour. — Chiens de chasse. — Le Loup et les Bergers. — L'ivrogne et sa Femme. — Chiens de chasse. — La Cuisine. — La Musique. — Lépreux. — Les Lapins. 10 pièces par Collignon, L. Marvy, A. Masson, Tavernier, Prévost et autres. Très-belles épreuves.

584. **Delacroix** (Eugène). Ecce Homo, pièce gravée à l'eau-forte, tirée du cabinet de l'Amateur. Epreuve sur chine.

585. **Delacroix** (d'après). Fac-simile des dessins de Eugène Delacroix. 13 pièces par Robaut.

586. **Dupont** (M. H.). Portrait d'homme assis. Lithographié en 1828. Très-belle épreuve. Rare.

587. Portrait de Mirabeau. Très-belle épreuve avec les noms à la pointe.

588. Cromwell au tombeau de Charles Ier. Très-jolie pièce grav à l'eau-forte, d'après Delaroche. 2 épreuves dont une sur chine et avant la lettre.

589. **Escallier** (Mme). Un coin de jardin. Jolie pièce gravée l'eau-forte.

590. **Gaucherel** (L.). Paysages, portraits, costumes, sujets religieux et pièces archéologiques. 23 pièces gravées à l'eau-forte.

591. **Gavarni.** Le Foyer de l'Opéra. — Le Souper. 2 très-grandes lithographies. Epreuves sur chine non collées.

592. D'après nature par Garvarni, texte par J. Janin, P. de Saint-Victor. — Ed. Texier. — Ed. et J. de Goncourt. 1 vol. in-fol. relié, contenant 30 planches et un texte.

593. Les Petits jeux de société. Suite de 6 pièces, avec la couverture de la publication.

594. Les Fourberies de femmes. Suite de 12 pièces, avec la couverture de publication.

595. Masques et visages d'après nature. — Impressions de ménage, etc. 26 pièces avant la lettre, la plupart sur chine.

396. Masques et Visages. 31 pièces.

597. Costumes historiques pour travestissement. 14 pièces.

598. Physionomies parisiennes — Les Parisiens. 15 pièces.

599. L'Abeille Impériale, sujets divers. 38 pièces.

600. Les Actrices. — Le Carnaval à Paris. Nuances de sentiment. — Les Débardeurs. — La Vie de jeune homme. — Fantaisies. 27 pièces.

601. Les Bals masqués. 7 pièces.

602. Le Manteau d'Arlequin. — Impressions de ménage, etc. 19 pièces.

603. 40 pièces tirées du journal l'Artiste.

604. Gravures sur bois, tirées de différents journaux. 47 pièces.

605. **Gérard-Fontallard.** Histoire d'une épingle. Suite de 16 pièces.

606. **Géricault** (J. L. Th.). The flemish Farrier. Pièce publiée en Angleterre. Superbe épreuve. Rare.

607. The Coal Waggon. Superbe épreuve.

608. **Gérôme.** Oriental assis et fumant, petite pièce gravée à l'eau-forte. Epreuve sur chine.

609. César mort, pièce gravée à l'eau-forte. Epreuve sur chine. Rare.

610. **Gigoux** (J.). Portraits et sujets divers. 57 pièces. Très-belles épreuves.

611. **Goya.** L'Homme garotté. Très-belle épreuve.

612. **Granville.** L'ordre règne à Varsovie. — Analyse de la pensée. — Contredanse monarchique. — La Fenaison. — Elévation de la poire, etc. 9 pièces.

613. **Gros** (le baron). Chef de mameluks à cheval appelant du secours. Premier état avant le nom de Gros.

614. **Gudin.** Marines et Paysages. 15 pièces dont quelques-unes sur chine.

615. **Hersent et Guérin.** Les Baigneuses. — La Courtisane amoureuse. — Le Remède. — L'Hermite. — Le Savetier. — Ruben et Bala. — Théocrite. — Le Vigilant, etc. 17 pièces.

616. **Huet** (Paul). Petit paysage en hauteur, gravée à l'eau-forte. 2 épreuves dont une sur chine.

617. Paysages. 7 pièces.

618. **Ingres** (J. D. A.). Quatre seigneurs de la cour de Bourgogne causent, assis dans des chaises à haut dossier. Cul-de-lampe pour l'introduction au Voyage en Franche-Comté, du baron Taylor.

619. **Ingres** (d'après). Portrait de Charles Dupaty, statuaire, lithographié par Juinne.

620. Enfant tenant un mouton, gravé par Dien. Epreuve d'essai.

621. Portrait d'un ecclésiastique, gravé par Dien. Très-belle épreuve du 1er état.

622. Laurenzo Bartholini, sculpteur florentin, gravé par Potrelle. Epreuve du 1er état.

623. **Jacquemart, Greux et Gaucherel.** La Canne de Balzac. — Vase. — L'Epée du comte de Paris. 2 pièces inédites, gravées à l'eau-forte.

624. **Jacques** (Ch.). Paysages divers. 6 pièces. Très-belles épreuves.

625. **Johannot** (T. et A.). Sous ce numéro il sera vendu environ 200 vignettes pour illustration.

626. **Lami** (Eu). Loch-ard scene of Morris's Drowning, publié à Londres en 1828. Epreuve sur chine.

627. **Landseer** (Th.). Characteristic sketches of animals, 9 pièces avec texte publiées à Londres en 1830.

628. **Leblanc** (Th.). Costumes grecs et persans. 17 pièces sur chine.

629. **Lemud** (A. G. de). Moines se préparant à la confession. — La Bourse. — Mathieu Lansberg. — Hoffman. — Légendes des frères Van Eyc, etc. 6 pièces.

630. **Lepic.** Croquis hollandais et autres. Suites de 27 eaux-fortes, publiées en 1870.

631. **Leroy** (Alphonse). Collection de dessins originaux de grands maîtres, gravées en fac-simile par Alphonse Leroy. 30 pièces grand in-fol. avec texte.

632. **Leys** (H.). Les Archers, pièce gravée à l'eau-forte.

633. Jeune femme assise, costumes du moyen âge, appuyée sur une cheminée. Avant la lettre.

634. Conciliabule de Protestants, pièce en largeur gravée à l'eau-forte, avant la lettre sur chine.

635. La même pièce. Epreuve avant la lettre sur papier blanc.

636. La Publication des édits de Charles-Quint à Anvers. Pièce en hauteur.

637. La Promenade hors des murs, fragment du tableau de Faust séduisant Marguerite. Très-jolie pièce à l'eau-forte.

638. **Manet** (Edouard). Eaux-fortes. 7 pièces et un titre. Epreuves sur chine.

639. **Marilhat.** Place de l'Esbekich au Kaire. — Souvenir de la campagne de Rosette. Deux pièces gravées à l'eau-forte.

640. **Marvy** (L.). Paysages et eaux-fortes diverses. 14 pièces.

641. **Massoloff.** Eaux-fortes d'après les tableaux de Rembrandt, du Guide et autres, qui sont à la galerie de l'Hermitage à Saint-Pétersbourg. 13 pièces avant la lettre sur chine.

642. **Meissonnier.** Le petit Fumeur, charmante pièce, superbe épreuve sur chine.

643. Pêcheurs dans un bâteau: au fond, chaumières et saules. Épreuve d'essai. Très-rare.

644. **Meissonnier** (d'après). Jeune homme jouant de la basse. Sujets divers gravés sur bois. 20 pièces.

645. **Meryon** (Ch.). Son portrait; il est représenté assis sur un lit. Gravé par Flameng.

646. Rue des Chantres. Très-belle épreuve.

647. La même pièce. Très-belle épreuve.

648. Le Grand Châtelet à Paris. Très-belle épreuve.

649. Vue de l'ancien Louvre du côté de la Seine (1651), d'après Zecman. Superbe épreuve avant toutes lettres.

650. La même estampe. Très-belle épreuve du même état que la précédente.

651. Collége Henri IV ou lycée Napoléon. Très-belle épreuve avec la légende.

652. La même pièce. Très-belle épreuve avec la légende effacée.

653. Bain froid Chevrier, dit de l'Ecole. Très-belle épreuve.

654. L'Arche du pont Notre-Dame. Très-belle épreuve du 2e état.

655. La Tour de l'Horloge. — La pompe Notre-Dame. 2 pièces. Très-belles épreuves avec la lettre.

656. La Rue des Toiles à Bourges. Très-belle épreuve de 1er état avec le nom de Meryon et l'adresse de l'imprimeur; on distingue à gauche un chien fouillant des immondices.

657. Rébus sur Béranger. — Adresse de Rochoux. 2 pièces.

658. Voyage de la corvette *le Rhin*. Nouvelle Zélande. Grenadiers indigènes et habitations à Akarva, 1845. Océanie, Ilots à Uvea. Nouvelle-Zélande, presqu'île de Banks. 3 pièces. Très-belles épreuves.

659. **Michelin.** Paysages gravés à l'eau-forte. 7 pièces.

660. **Millet.** Les Glaneuses. Superbe épreuve.

661. La Batteuse de beurre. Superbe épreuve.

662. La Fileuse. Très-belle épreuve.

663. Jeune mère donnant à manger à son enfant. Superbe épreuve sur chine.

664. **Napoléon** (la princesse Charlotte). Etudes de paysages. 3 pièces. Les figures sont de Léopold Robert.

665. **O'Connell** (Mme). Tête de Madeleine, petite pièce gravée à l'eau-forte. Epreuve sur chine.

666. **Prud'hon** (P. P.) Jeune garçon à cheval sur un chien. Très-belle épreuve sur chine.

667. **Prud'hon** (d'après). La Vengeance divine poursuivant le crime. La Poésie. — La Liberté, etc. 14 pièces.

668. **Queyroy.** Eglise de Souvigny (Allier). — Portes de l'église de Pezou.—Abside de l'église de Nourray.—Porte de l'église de Chanteuge. — Vieilles maisons à Luynes, etc. 8 pièces gravées à l'eau-forte.

669. **Raffet** (D. A. M.). Combat d'Oued-Alleg. (C. G. 82). L'une des plus belles compositions militaires de notre époque. Superbe épreuve sur chine.

669 *bis*. La même pièce. Très-belle épreuve.

670. Le Drapeau du 17e léger, 13 septembre 1841. Très-belle épreuve sur chine.

671. Pièces tirées d'Albums et du journal *La Caricature*. 25 pièces.

672. **Raffet.** Siége de la citadelle d'Anvers. Suite de 24 pièces. Très-belles épreuves.

673. **Roqueplan** (C.). 24 pièces, vignettes pour romances et pièces tirées du journal *l'Artiste*.

674. Culs-de-lampes pour romances. Pièces tirées du journal *l'Artiste* et des chroniques de France. 20 pièces.

675. Gravures sur bois, tirées de différents journaux. 73 pièces.

676. **Rousseau** (Th.). Paysage. Très-jolie pièce gravée à l'eau-forte. Très-belle épreuve du 1er état, avant toutes lettres.

676 *bis*. La même pièce. Très-belle épreuve.

677. **Rousseau** (d'après Th.). Paysages. 3 pièces lithographiées par Anastasi et Laurens.

678. **Scheffer** (Ary). Marguerite à l'église. Pièce à l'eau-forte. Très-belle épreuve du 1er état, sur chine.

679. **Seymour Haden**. Paysages. 5 pièces, superbes épreuves sur chine.

680. 3 pièces gravées sur bois. Epreuves sur chine.

Société des aquafortistes

681. Sous ce numéro il sera vendu environ 200 pièces eaux-fortes par Queyroy, Lalanne, Martial et autres.

682. **Taiée** (A.). Paris et ses environs. Suite de 12 eaux-fortes et frontispice, publiées en 1869.

683. **Traviès**. Les Musiciens de la chapelle, caricatures politiques et autres. 42 pièces, beaucoup sont avant la lettre.

684. **Trimolet fils**. Vue de la pompe Notre-Dame à Paris. Grande pièce à l'eau-forte.

685. **Vernet** (H.). 12 pièces de ses œuvres.

686. **Véze** (le baron de). Château de Tancarville, Très-jolie lithographie sur chine.

687. Description des antiquités et objets d'art composant le cabinet de M. Louis Fould, par A. Chabouillet. Paris 1861, en feuilles.

688. Collection de 125 portraits contemporains, gravée par les procédés de M. Ach. Collas, d'après les médaillons de David d'Angers.

689. Les Œuvres de David d'Angers. 103 pièces avec texte.

690. Nouvelle architecture des édifices voûtés par M. L. A. Boileau. Paris 1864.

691. Inventions décoratives, choix de compositions et de motifs d'ornementation par L. Solon. Paris, Morel, 1866. 1 vol. in-fol. en portefeuille.

592. Musée de South Kensigton à Londres. 22 pièces gravées à l'eau-forte.

693. Œuvres de A. Rolland. Suite de 40 pièces avec texte. 1 vol. in-fol. en portefeuille.

694. Sous ce numéro il sera vendu environ 500 pièces, lithographies et eaux-fortes modernes, quelques livres sur les Arts.

Paris. — Impr. PILLET fils aîné, rue des Grands-Augustins, 5.

www.ingramcontent.com/pod-product-compliance
Ingram Content Group UK Ltd.
Pitfield, Milton Keynes, MK11 3LW, UK
UKHW020401220726
13923UKWH00004B/1675